# ABLETTES

## PHILOSOPHIQUES

# DE DÉMOCRITE,

## SES RIRES MYTHOLOGIQUES

### ET MONDAINS;

#### SUIVIS DE SON DICTIONNAIRE POUR RIRE.

## TRADUITS PAR DEYEUX.

### PREMIERE PARTIE.

PARIS.

ERT ET Cᴵᴱ, ÉDITEURS,

PLACE DE LA BOURSE, 29.

1841.

# TABLETTES

## PHILOSOPHIQUES

# DE DÉMOCRITE,

## SES RIRES MYTHOLOGIQUES

### ET MONDAINS.

IMPRIMÉ PAR BÉTHUNE ET PLON, A PARIS.

# TABLETTES

## PHILOSOPHIQUES

# DE DÉMOCRITE,

## SES RIRES MYTHOLOGIQUES

### ET MONDAINS;

#### SUIVIS DE SON DICTIONNAIRE POUR RIRE :

### TRADUITS PAR DEYEUX.

———— ✦❖✦ ————

## PARIS.

### AUBERT ET Cie, ÉDITEURS,

#### PLACE DE LA BOURSE, 1.

—

### 1841.

# TABLETTES

## PHILOSOPHIQUES

# DE DÉMOCRITE.

---

### 1

Après un long séjour dans les champs élysées,
Démocrite, attiré par les jeux et les ris,
Du quatrième ciel un jour par les croisées
Sauta pouffant de rire et revint à Paris.

### 2

Ce n'est pas qu'au sommet de la région haute,
Parmi les dieux plaisants, la gaîté lui fit faute.
Il riait comme un singe autour de leurs autels ;
Mais il voulut aux dieux comparer les mortels.

### 3

Dieu sait s'il avait ri le jour où la Sagesse,
Qui ne fait jamais rien sans d'abord y songer,
Avait troussé sa robe, ainsi qu'une déesse,
Pour montrer son derrière au plus joli berger.

### 4

Mercure l'amusa beaucoup avec ses ruses.
Un jour, ah! quel beau jour! du haut du double mont
Jusqu'au bas de la côte il aperçut les muses
Qui faisaient la culbute et restaient sur le front.

### 5

Démocrite pâmé riait dans les espaces.
Quels charmes, quels attraits, quel bonheur, que d'appas!
Oui, sur le double mont j'ai vu neuf doubles faces.
Je le dirais à tous, qu'ils ne me croiraient pas.

### 6

Apollon fit glapir des accents furioses,
Il prit dix-huit talons tout naturellement,
Et parla *de rebus*, c'est-à-dire des choses
Qui regardent la terre et non le firmament.

### 7

Le Temps survint grondeur, il cita les usages,
Quand un Siècle accourut qui lui dit en passant :
Seigneur, sans la nature et ses douces images
Votre sceptre perdrait cinquante-cinq pour cent.

### 8

Démocrite était là quand Jupiter en cygne
Devant Léda fort gaie allongeait son cou grand,
Surmonté d'une long bec d'une écarlate insigne.
Démocrite dit : Ah ! le bel oiseau, vraiment.

### 9

Démocrite observa que Diane la chaste,
Dont la vertu sévère au grand soleil reluit,
Et dont là renommée en ce genre est très-vaste,
Sous le nom de Phébé courait toute la nuit.

### 10

Mais le malin frondeur se comprima la rate
Quand il vit la gaillarde aux pudiques abords
Exploiter les enfers sous le manteau d'Hécate.
Ah! la vertu, dit-il, a donc le diable au corps!

### 11

De son œil Démocrite entr'ouvrit la soupape
Et découvrit un jour, marchant à pas de loups,
Comment dans les jardins arrosés par Priape
On trouve les enfants sous les feuilles de choux.

## 12

Un beau jour que le Sort retournait ses visages ,
Notre homme feuilleta le livre du Destin ,
Traduit par les savants , commenté par les sages.
Gaîté de bon aloi ! C'était du papier blanc !

## 13

Sous la langue des morts Caron cherchait l'obole ;
Il ne la trouvait pas , et s'écria : Sacré...
Démocrite lui dit d'un ton de faribole :
Elle est dans le gousset de monsieur le curé.

## 14

Il voulut voir de près ce fameux chien Cerbère ,
Et ne put de son rire arrêter les éclats
Quand il eut reconnu trois têtes d'avocats
Qui naguère enroués aboyaient sur la terre.

### 15

L'accès qui le saisit cette fois dure encor.
Il trouva de Thémis les balances très-drôles.
Devant les deux plateaux il leva deux épaules,
Car l'un était en liége et l'autre était en or.

### 16

Il vit Vénus en chair auprès de Mars en casque.
Hé bien, que faisait donc la divine beauté ?
Je me suis aperçu qu'elle essayait un masque
Que l'Honneur envoyait à la Fidélité.

### 17

Les Parques font gaîment un tour de passe-passe.
Au lieu de tous les fils qui sont de soie et d'or,
Elles trouvent moyen au fond d'un corridor
De filer sans rien dire un paquet de filasse.

## 18

Considérant qu'il voit fort mal avec ses yeux,
Voici venir l'Amour conduit par la Discorde ;
Il croit de soie et d'or leur chiper une corde,
Et monte ainsi son arc qui n'en raidit pas mieux

## 19

Plutus avec adresse exploite la bêtise,
Il se fait tisserand et file dans sa cour
Des cordes dont le nœud attire la méprise.
Plutus est aujourd'hui plus puissant que l'Amour.

## 20

De ce jour Cupidon sur la fille jolie
A perdu son empire, et, comme un vil gamin,
Il prend tous les grelots de l'aimable Folie,
Qu'il lance à tour de bras sur tout le genre humain.

### 21

Juste ciel ! s'écria le joyeux Démocrite
D'une voix comparable à celle d'Amphion ;
A rendre quatre points à la religion ,
Votre mythologie est, je crois, hypocrite !

### 22

Il dit à Jupiter, dont les cheveux épars
Couvraient poste trois quarts des flots de sa crinière :
*Adieu , Volumnius ! adieu , Rome ! je pars :*
N'avez-vous rien à dire aux petits de la terre ?

### 23

Si , vous direz en bas à mes subordonnés
Qu'ils font monter ici des vapeurs détestables ;
Cela dit, dites-leur mille choses aimables :
Et vous m'apporterez demain un cache-nez.

## 24

C'est pourtant loin d'ici, reprit le vieux satyre.
Tout mortel sent son fruit; et c'est là son défaut.
Mais, archimajesté, dans votre vaste empire
Ne pourriez-vous monter un étage plus haut?

## 25

Non, dit maître Jupin, non, je trouve l'Olympe
Assez haut de plafond : puis, soit dit entre nous,
Un dieu doit tout prévoir; et quand Neptune y monte,
La moindre goutte d'eau tuerait quelqu'un dessous.

## 26

Hélas! nous n'avons plus de drapeaux ni de voiles;
Vénus va sans chemise à nos yeux étonnés :
Car, pour faire à Jupin un petit cache-nez,
Démocrite a raflé cent mille aunes de toiles.

## 27

Il prit, sans le boucher, un beau flacon d'éther
Qui portait six cents pieds dans sa circonférence.
Il ne le ferma point. Il savait bien d'avance
Qu'il aurait pour bouchon le nez de Jupiter.

## 28

Il suspendit la cruche, en guise de ficelle,
Sur un fil de la vierge, il en fit un ballon ;
Et dit, soufflant dessous, que l'industrie est belle !
Puis, pour rire à son aise, il raidit le talon.

## 29

La bruyante gaîté fait bien mal à la gorge.
Il imitait le bruit produit par vingt canards,
En lisant des couplets autour du sucre d'orge
Qu'il venait d'acheter au quartier des Lombards.

## 30

Quoi! dit-il, ces bonbons sont pleins de poésie !
C'en est fait, je le vois; dès lors tout est fini.
Ces gens-là, j'en suis sûr, auront la fantaisie
De mettre du caca dans le macaroni.

## 31

Puisqu'ils sont fous des vers, voyons donc le théâtre ;
Il y court en chantant la mère Godichon....
Quoi! dit-il, pas un vers! un langage de pâtre ;
Si c'est là votre scène, eh bien! adieu, Fanchon !

## 32

En poursuivant le cours de sa maligne enquête,
Il observa les gens qui passaient sur le pont.
Il en trouva beaucoup qui levaient un beau front.
Mais, comment l'expliquer?... ils n'avaient pas de tête

## 33

Il grava sur la Bourse, en perdant son argent :
Dans ce bas monde on fait encore du trois pour cent.
Mais, passant, n'entre pas dans ce palais sublime,
Si tu viens à Paris pour placer ton estime.

## 34

Démocrite, peux-tu changer le mal en bien?
Tu dois de pied en cap t'habiller pour combattre :
Mais, mon très-cher ami, puisque tu n'y peux rien,
Il te faut à toi seul en rire autant que quatre.

## 35

On voit, dit-il, des rois plus grands que les destins
Au théâtre où le gaz remplace les chandelles ;
Mais quand il passe un bout de toutes ces ficelles,
Ces superbes géants sont de petits pantins.

## 36

Souvenez-vous, mortels, vous dont le sort se joue,
Que l'unique bonheur réside au sein des arts :
La fortune se trouve au fond d'un tas de boue,
Et la victoire reste au-dessous des hasards.

## 37

Le trésor, par erreur, fut induit en dépenses
Au beau soleil levant du siècle des progrès ;
Car il a défriché cent mille consciences,
Et n'a pas récolté la moitié de ses frais.

## 38

A quoi s'occupe ici l'homme qui n'a pas d'âme ?
Où tendent ses efforts ? enfin, quel est son fait ?
Il médit, calomnie, il s'agite, il réclame,
L'honneur l'obsède, il faut que personne n'en ait.

## 39

Plus que dans le torrent dans l'eau douce on se noie.
L'hypocrite a toujours un ton délicieux.
C'est à mourir de rire, et très-facétieux,
Le juge caressant est un oiseau de proie.

## 40

C'est en riant qu'il faut dire la vérité ;
Elle a l'air d'un mensonge, et cependant c'est elle.
Écrivains ! prenez garde à l'immortalité !
En savez-vous la cause ? Elle est souvent mortelle.

## 41

Mais je ne trouve rien de plus réjouissant,
De plus gai que ce corps qu'on nomme Académie.
Quel gigantesque effet d'une immense momie !
Un cadavre immortel est très-divertissant.

## 42

J'ai vu des orateurs qui parlaient de la gloire ;
Ma gaîté se perdit dans la convulsion :
Ils pensent, ces gens-là, qu'on peut encor les croire,
Bien qu'ils aient sous trois rois trahi la nation.

## 43

Ces lettrés, fatigués d'avoir grimpé les Pindes,
Sont fêtés, caressés par les marquis du jour :
Je prends comparaison dans une basse-cour,
Le paon aime à chanter parmi les poulets-dindes.

## 44

Sans que la faulx du Temps puisse en retrancher rien,
On conserve en Égypte une tête embaumée ;
Ne préjugez pas tant de votre renommée ;
Son baume ne vaut pas le baume égyptien.

## 45

Mortels, vous pouvez tous rencontrer sur la terre
La gloire, le succès, la fortune et l'honneur ;
Mais ne cherchez jamais nulle part le bonheur :
Si vous voulez l'avoir, vous-même il faut le faire.

## 46

Depuis mille désirs jusqu'à mille fléaux,
Dans le monde français que l'illusion mène,
L'homme est entortillé dans une longue chaîne
Dont la haine et l'amour sont les premiers anneaux.

## 47

Du drôle aux baronnets, de la gueuse aux princesses,
Le spectacle joyeux semble toujours grandir ;
Mais, dans l'aréopage où l'on juge les pièces,
La moitié veut siffler, l'autre veut applaudir.

## 48

Le colosse de Rhode est un grand politique :
Il est assez fendu pour montrer au grand jour
L'orteil de son pied droit en pleine république,
L'orteil de son pied gauche enfoncé dans la cour.

## 49

La musique, à Paris, a comblé la distance
De l'acteur au prélat, du profane au sacré.
Saint-Roch à l'Opéra fait une concurrence.
L'un chante *ré mi fa*, mais l'autre *fa mi ré*.

## 50

Moi, je ris quand je vois majorité mineure
Qui se baisse ; elle a peur de se blesser le front.
Je pense que du train dont les affaires vont
Nous aurons demain soir minorité majeure.

### 51

Le juge voit souvent un crime dans un œuf ;
Il se sert ce jour-là de son gros télescope.
Le lendemain, le même, armé d'un microscope,
Dit : Je ne vois ici qu'un ciron, c'est un bœuf.

### 52

Bon Dieu ! l'homme qui tue a donc quelque mérite ?
Il semble que celui qui commet un forfait
Soit un grand scélérat.... La justice l'imite,
Elle donne la mort, et fait comme il a fait.

### 53

Un roi qui ne prenait conseil que de sa tête
Prit pour docteur un âne, et non pas un lion.
Alors il s'écria tout fier de sa conquête :
Celui-là n'aura pas du moins d'opinion.

## 54

Qui pourrait se flatter de connaître les dames?
J'ai remarqué parfois un grand événement :
De tel qui dut vingt fois vingt bonheurs à vingt femme
La plus petite fille opère le tourment.

## 55

Les choses d'ici-bas sont à crever de rire;
Cherchez, voyez, lisez, consultez les bouquins :
Les rois pour les sujets ne sont que des requins,
Les sujets pour les rois sont des goujons à frire.

## 56

J'entends rire ma plume au fond de l'encrier.
Quel résultat surgit de nos métamorphoses?
C'est toujours le fumier qui fait venir les roses
*Ergò* la croix d'honneur appartient au fumier.

## 57

En marchant dans la fange on obtient des richesses ;
Du boulevard de Gand par-delà le Pérou
On arrive aux honneurs par cent mille bassesses ,
Et pour monter au ciel on descend dans un trou.

## 58

Un peintre à vos regards veut présenter Homère ,
Ou mieux, veut vous offrir la vierge du destin ;
Il ramasse aussitôt dans le fond d'une ornière
Deux modèles tout prêts : l'ivrogne et la catin.

## 59

Et voilà ce qui rend le rire inextinguible ;
Je ris même en voyant l'effroi dans vos regards.
Ah ! vous en conviendrez, l'antithèse est risible,
La fange est un engrais aussi pour les beaux-arts.

## 60

Plus de huit cent mille ans un écrivain peut vivre,
Mais à la condition qu'un sale chiffonnier,
Son frère en Apollon, premier fauteur d'un livre,
D'innombrables haillons remplira son panier.

## 61

Quand les cheveux sont beaux sur une noble tête
Que décore avec art un superbe manchon,
A qui dois-tu le bien que le chauve regrette :
Ah ! le front des mortels tient beaucoup du cochon.

## 62

L'éloquence sacrée et le discours profane
Ont usé les poumons d'un orateur zélé.
Il va mourir.... Mais non, s'il boit le lait d'un âne.
C'est fièrement heureux, que la bête ait vélé.

## 63

Comptez les éléments d'une grande victoire ;
Mais que les animaux soient admis au concours.
On prend la peau d'un âne et l'on fait des tambours,
On prend des plumes d'oie et l'on écrit l'histoire.

## 64

Pour juger le procès, silence au premier rang !
Tous les susdits sont morts sans faire de tapage,
Et le héros qui perd quatre gouttes de sang
Revient, le front en l'air, escompter son courage.

## 65

Le plomb frappe et foudroie un oiseau dans les airs,
La puce ne dit rien quand on l'expérimente,
Les béliers sur le front reçoivent des coups fiers :
La vanité de l'homme est bien divertissante.

## 66

Et je ne rirais pas de ces fous honorés
Qui se jugent des dieux et ne sont pas des hommes,
Et de cette impudeur dont le siècle où nous sommes
Se fait un cor de chasse! Avec moi vous rirez.

## 67

Qnand un prédicateur vient bonnement me dire :
Ne buvez que de l'eau, je boirai votre vin ;
Il n'est qu'un seul moyen de m'empêcher de rire,
En travers de ma bouche étendez votre main.

## 68

Pénétrons dans nos mœurs. On frappe à votre porte ;
Dissimulant l'ennui qui vient vous déranger,
Du geste et de la voix vous flattez l'étranger
Et vous dites tout bas : Que le diable t'emporte !

### 69

On est aux deux genoux de cet enfant braillard,
De ce richard stupide on admire les fautes;
Quand un fripon vous trompe, on dit : C'est un gaillard.
Et je ne rirais pas à me tenir les côtes!

### 70

Quel plaisir, au travers de ses quatre carreaux,
Lorsque dans son grenier on mâche des pois chiches,
De voir plus bas que soi bâiller quarante riches
Devant des ortolans, des saumons, des perdreaux !

### 71

Que ce père m'amuse alors qu'il se désole
Si son fils est un sot, un sot plus que parfait!
Eh! que le gros bon sens, mon ami, te console :
Tu n'y voyais pas clair, nigaud, quand tu l'as fait

## 72

Devant le chagrin vrai si j'ai le tort de rire,
Je me tais ; honneur donc aux esprits ulcérés :
Mais n'avez-vous point tort parfois quand vous pleurez,
Le regret mal fondé n'est-il pas un délire ?

## 73

Je dis : Le Créateur ne m'a pas consulté ;
Je sais qu'il ma donné la terre pour demeure,
Et je suis, quand je dois suivre sa volonté,
Consentant si je ris, résistant si je pleure.

## 74

Je ne veux point blesser les esprits sérieux ;
Il est, et je le sais, des circonstances graves
Où des événements les humains sont esclaves :
Les pleurs partent de l'âme et montent jusqu'aux yeux.

## 75

Ah ciel! si vous pleurez la mort de votre amie,
Croyez-vous que je vienne, agitant mes grelots,
Disperser vos douleurs! Moi! jamais! infamie!
A la démence, alors je ravirais son lot.

## 76

Ne supposez donc pas que ma gaîté s'escrime
Aux stupides ébats de cette hilarité;
Mon caractère est loin d'affronter un tel crime,
Et jamais un poignard n'armera ma gaîté.

## 77

Croyez-vous Démocrite attaqué de la rage,
Ira-t-il sottement vous offrir son refrain!
Quand vous avez besoin de tout votre courage,
Il vous propose alors son silence et sa main.

### 78

Démocrite bénit la noble et pure flamme,
Réchaud phosphorescent de la création ;
Lorsque Dieu créa l'homme, aux battements de l'âme
Il manquait un ressort : il fit l'émotion.

### 79

Juste ciel ! loin de moi cette atroce folie !
Ma gaîté vient du cœur ; tels sont mes éléments.
Si je trouve parfois des fous rires charmants,
J'aime jusqu'aux pavots de la mélancolie.

### 80

Je lui trouve un bon goût qui ne me blesse en rien,
Dans son doux labyrinthe aisément je m'engage,
Je me fais un bandeau de l'azur d'un nuage,
Je songe sans songer que je ne songe à rien.

### 81

Il est , je l'apprécie ou volontiers l'endure ,
Pour les cœurs qui jamais n'ont broyé le remords ,
Comme un écho lointain d'une vague nature
Qui suspend l'existence et qui rend des accords.

### 82

Dans cette hémiplégie où l'âme se repose ,
Lorsque l'esprit long-temps flotte à demi noyé ;
Quoiqu'il n'exprime rien , le cœur sent quelque chose
Qui vous dit que le temps est très-bien employé.

### 83

Puis l'on revient à soi comme on revient d'un songe ,
Fatigué mais heureux : tout ce qu'on a rêvé...
C'est moins vrai que le vrai, moins faux que le mensonge,
C'est mieux que la lumière et que l'obscurité.

## 84

Mais si mon âme s'ouvre avec cette innocence
Aux sons harmonieux que souffle le silence,
C'est qu'on ne me voit pas prostituer mon cœur
Au chagrin quand il n'est qu'une pâle vapeur.

## 85

Je sors de là plus fort, et plus fort pour te dire :
Le moment vient trop tôt de répandre des pleurs ;
Et tu gémis souvent lorsque tu devrais rire
De bien petites gens, de bien petits malheurs.

## 86

Par l'aspect vacillant d'une cause frivole
Si ton esprit morose est toujours affecté,
Ton ennemi c'est toi, mon cher, en vérité,
Je flétris en riant ton malheur bénévole.

## 87

Quoi! tu ne rirais pas de voir lever la main
A ceux dont les serments tombés dans la poussière
Du *billet* de *La Châtre* ont fait un parchemin,
Qu'un passant sur leur dos lit toujours par-derrière?

## 88

J'ai connu Jean qui pleure; il avait peu d'esprit,
Mais surtout, selon moi, beaucoup trop de mémoire :
Si tu veux feuilleter trois cents ans de l'histoire,
Tu te verras tenté d'écouter Jean qui rit.

## 89

Qu'est-il donc devenu, ce fameux Héraclite
Banni pour ses travers du beau séjour des dieux?
Lorsque la canicule à sec mit le Cocyte,
Ils ont, pour le remplir, utilisé ses yeux.

## 90

Je vois plus d'un esprit qui volontiers s'erige
En paria fatal abandonné du sort :
Un moucheron les pique, une puce les mord ;
Je ris de ces esprits attaqués du vertige.

## 91

Cet époux affligé n'est pas très affligeant :
Il épouse une fille, et la fille le trompe ;
Il était vieux et laid, le tout cousu d'argent,
Elle jeune et jolie : il pleure à son de trompe.

## 92

Éprise de Lindor au beau front, aux beaux yeux,
Pour son troisième époux une vieille coquette
A signé son malheur et pleure à qui mieux mieux ;
Moi je chante et je ris d'un gosier de fauvette.

### 93

Poussé par le démon de la cupidité,
Eusèbe possédait dix mille écus de rente;
Il veut en avoir vingt, il en expose trente :
Il perd, pleure, eh! eh! eh! Je meurs d'hilarité.

### 94

Bellatre à soixante ans aime beaucoup le sexe,
Et sa Philis s'applique un juvénile amant.
Il se tue; eh! ma foi, je demeure perplexe.
L'a-t-il fait pour ma peine ou pour mon agrément?

### 95

Non, non, je ne sais rien qui me plaise et m'amuse
Comme un héros qui dit d'un accent modulé :
J'ai mis mon doigt au feu, mais je me suis brûlé;
Je ris des pleurs qu'il verse à crever une écluse.

## 96

Le chagrin tombe aussi dans l'inanition.
Si votre ami vous trompe, aurez-vous la jaunisse !
Si vous le perdez, oui ! mais s'il vous trompe, non !
L'amitié sans l'estime est un mortel supplice.

## 97

J'ai voulu voir, j'ai vu, chez vous rien n'est changé ;
Je retourne gaîment, ma foi, dans l'autre monde :
Je regrette, je crois, de m'être dérangé.
Croyez aux sentiments de ma gaîté profonde.

## 98

Les maux par la gaîté sont toujours combattus ;
Mais je veux en partant vous laisser mon adresse :
Je demeure a côté de toutes les vertus.
Je cours à Jupiter dont le nez m'intéresse.

### 99

Car, son dire est fondé, vous sentez très-mauvais,
Oui, vos gaz finiront par empester l'Olympe,
Et l'odeur qui s'exhale autour de vos palais
Forme avec vos soupirs un miasme qui grimpe.....

### 100

Je me plais mieux au ciel; en voici le motif :
Vous me semblez tous faits pour chanter l'élégie,
Tout dans votre royaume est trop dubitatif.
Du moins je suis en plein dans la mythologie.

### 101

On a perdu le sens qu'on doit donner aux mots.
Malgré les craquements qui partent de la presse,
Vous nommez gens d'esprit des gens qui sont très-sots.
Du reste, vous portez la barbe comme en Grèce.

## 102

Vous recevrez de moi deux ou trois pots-pourris ;
J'emporte un crayon noir pour mon Dictionnaire :
J'enverrai tout cela par le diable, à Paris,
Chez l'imprimeur Béthune et chez Plon, son compère.

**FIN DES TABLETTES PHILOSOPHIQUES
DE DÉMOCRITE.**

# DICTIONNAIRE

# DE DÉMOCRITE.

# DICTIONNAIRE
# DE DÉMOCRITE.

## A.

### AH.

Cri de l'étonnement, de l'amour, de la peur,
Quand on a mal au pied, quand on a mal au cœur.

### ABAISSEMENT.

Ce mot-là signifie en langue politique
L'idéal *crescendo* de la chose publique.

### AMI.

Éphémère que l'œil un seul instant peut voir,
Qui voltige au matin et disparaît le soir.

### ARMÉE.

Gens qui portent mousquet, sabre, casque, épaulette,
Dont le cœur est en bronze et le pain en galette.

### ATTENTAT.

De votre Académie il faut bien faire état,
Elle a dit *entreprise* en parlant d'attentat.

### AMOUR.

Quoi qu'on en puisse dire et redire à la ronde,
C'est un enfant qui trousse et détrousse le monde.

## AVANT.

Ce mot n'existe plus, il a tous mes regrets,
Puisqu'il fut à l'instant remplacé par *après*.

## AVANCE.

Ne croyez pas ce mot, croyez tout le contraire ;
— Ce qu'on a soin de mettre et d'avoir par-derrière.

## AUDIENCE.

Réunion de noirs qui tous semblent boiter,
Et qui s'entendent tous pour ne rien écouter.

## AUJOURD'HUI.

Même chose qu'hier, plus mal peut-être encore,
Salon souillé de fange et qu'un tapis décore.

### AVENIR.

Perspective noirâtre et qui n'a rien de sûr,
C'est l'obscurité claire et non le clair-obscur.

### AVEUGLE.

Pour le décrire bien, il faudrait faire un tome ;
Pour n'en dire qu'un mot, le premier d'un royaume.

### AZUR.

Le miroir transparent où croit toujours se voir
La·fille la plus jaune et l'homme le plus noir.

### AZOTE.

Aromat du grand monde et que l'orgueil compose
De gants blancs, d'un coccyx, d'un busc et d'une rose.

## AZAMOGLAN.

Sobriquet décerné par deux ou trois baptêmes
Aux ministres français qui sont toujours les mêmes.

FIN DE LA PREMIÈRE TABLETTE DU DICTIONNAIRE
DE DÉMOCRITE *.

* Le *complément* du DICTIONNAIRE DE DÉMOCRITE former
une SECONDE TABLETTE.

## En vente également, chez Aubert.

TABLETTES DE SAINT HUBERT, ses Commandements et s
Aphorismes, Catéchisme des Chasseurs, par *Deyeux*.     50

TABLETTES DE SAINT THOMAS, ses Doutes, ses Apophthegme
par *Deyeux*.                                           50

PHYSIOLOGIE DE LA LORETTE, par *Maurice Alhoy*, dessins par *Gavarni*.                                   1 fr

Id.      DE L'EMPLOYÉ, par *Balzac*, dessins par
*Trimolet*.                                           1 fr

Id.      DE L'ÉTUDIANT, par *L. Huart*, dessins par
*Daumier, Alophe* et *Maurisset*.                     1 fr

Id.      DU GARDE NATIONAL, par *L. Huart*, dessins par *Trimolet* et *Maurisset*.                   1 fr

Id.      DE L'HOMME DE LOI, par *un Homme de
plume*, dessins par *Trimolet*.                       1 fr

Id.      DU FLANEUR, par *L. Huart*, dessins par
*Daumier* et *Alophe*.                                1 fr

Id.      DE LA PORTIÈRE, par *James Rousseau*,
dessins par *Daumier*.                                1 fr

Id.      DE L'HOMME MARIÉ, par *Paul de Kock*,
dessins par *Marckl*.                                 1 fr

Id.      DU MÉDECIN, par *L. Huart*, dessins par
*Trimolet*.                                           1 fr

Id.      DE L'ÉCOLIER, par *Édouard Ourliac*,
dessins par *Gavarni*.                                1 fr

Id.      DU PROVINCIAL A PARIS, par *P. Durand*
(du *Siècle*), dessins par *Gavarni*.                 1 fr

Id.      DE L'HOMME A BONNES FORTUNES, par
*É. Lemoine*, dessins par *Janet-Lange*.              1 fr

Id.      DU CHASSEUR, par *Deyeux*, dessins par
*Forest*.                                             1 fr

Paris. Imprimé par Béthune et Plon.